AF589653

CH. CHENET

UN PROGRAMME

D'ACTION ÉCONOMIQUE POUR L'INDOCHINE

Réponse à une enquête ouverte par la « Dépêche Coloniale » dans le monde parlementaire et colonial.

HANOI-HAIPHONG
Imprimerie d'Extrême-Orient
1920

UN PROGRAMME

D'ACTION ÉCONOMIQUE POUR L'INDOCHINE

Réponse à une enquête ouverte par la **Dépêche coloniale** *dans le Monde parlementaire et colonial.*

PRÉFACE

J'aurais bien mauvaise grâce, en attirant l'attention de nos lecteurs sur le travail de M. CHENET, à vouloir apprécier, comme il convient, les idées et les projets de l'auteur sur le plan industriel, agricole, commercial et économique qu'il trace. Là-dessus, M. CHENET en sait singulièrement plus long que moi, et même que la majorité des Français d'Asie.

Mais il faut dire tout de même combien est complet cet inventaire — non pas de nos richesses acquises — mais des efforts que nous avons à faire pour les développer. Cet inventaire est peut-être moins glorieux à établir, mais incomparablement plus profitable. Le passé, l'expérience, les travaux et les missions de M. CHENET à travers tout l'Extrême-Orient, font que personne n'était aussi bien placé que lui pour construire et préciser un tel programme.

Je veux appuyer aussi sur l'extrême activité sur l'optimisme de bon aloi, sur la vigueur et la verdeur que dénotent les lignes qu'on va lire. L'enthousiasme que M. CHENET porte et portera toujours aux choses de l'Extrême-Orient et aux intérêts de la France en Asie n'est pas l'emballement irréfléchi d'un jeune homme ; c'est l'enthousiasme raisonné, logique, mûrement accepté, d'un homme qui a vu, qui a étudié, qui a comparé et qui sait ; qui sait quelles réserves admirables notre Indochine peut préparer à la métropole, si celle-ci sait et veut traiter convenablement sa terre et ses habitants.

Et j'ai un plaisir particulier à constater, moi, Tonkinois de la conquête et des jours difficiles de l'enfance et des époques des grands rêves ambitieux, que le corollaire, pour ainsi dire mathématique et nécessaire, des constatations économiques de M. CHENET, est impérieurement celui que, sur le plan politique et international, émettait la clairvoyante énergie de M. PAUL DOUMER.

Qu'on le veuille ou non, l'Indochine ne sera pas française, ou, pour mieux dire, l'Indochine française ne sera pas, si le gouvernement ne se décide pas — ne se résigne pas — à donner à notre grande colonie cette autonomie partielle et locale, qui ne saurait porter ombrage à la métropole et que la métropole doit à ses enfants lointains devenus majeurs.

Et, avec une connaissance parfaite des qualités et des passions de la race jaune, M. Chenet précise que le premier et le meilleur usage que l'Indochine puisse faire de cette initiative et de cette responsabilité toutes neuves, sera de représenter la France en Extrême-Orient et d'y faire une politique indochinoise qui soit, véritablement et définitivement, la politique française en Asie.

A. de Pouvourville

Cette série de notes dont l'exposé suit, ne peut donner qu'une idée très approximative des mesures qu'il conviendrait de prendre pour aider au développement économique de l'Indochine; mais, telle qu'elle, elle comporte déjà un programme assez important, dont la réalisation peut être prévue sur un certain nombre d'années.

Ch. Chenet.

AGRICULTURE

Mise en exploitation des terres incultes.

Adoption d'un plan de campagne pour la mise en exploitation des terres incultes, de celles notamment de la moyenne et de la haute région tonkinoises, du Cambodge et de la Cochinchine, par l'attribution, par exemple, de concessions à de grandes sociétés constituées à cet effet ; par des avances consenties sur un fonds de colonisation important prévu chaque année au budget ; par la construction de routes ; par l'emploi, sur ces concessions, de la main d'œuvre pénale, la crainte de ces hautes régions, réputées malsaines, devenant au surplus, pour les malandrins, le commencement de la sagesse.

Etude préalable de ces régions.

Etude préalable de ces régions au point de vue climat et possibilités agricoles ; création sur les emplacements les plus sains et les plus appropriés, de champs d'essais et de centres de culture, dont la multiplication et l'extension amèneront progressivement la tranquillité et la prospérité, en même temps qu'elles faciliteront le repeuplement et conséquemment le recrutement de la main-d'œuvre nécessaire aux entreprises agricoles, créées de cette façon, aux exploitations industrielles et minières existantes ou susceptibles d'être créées dans la contrée, dans un avenir assez rapproché.

Utilisation des Annamites de retour de France.

La mise en réalisation de ce plan de campagne pourra permettre l'utilisation des Annamites de retour de France, auxquels on a promis des terres à cultiver.

Cultures à encourager.

Encouragements particuliers à donner à la culture de tous les produits susceptibles de jouer un rôle dans le développement de la colonie au point de vue économique.

A citer notamment :

Le *jute* ou le crotolaire, dont la culture, sur une large échelle, pourrait permettre la création d'industries dans lesquelles, il entre comme matière première, celle des sacs notamment, dont la fabrication pourrait servir non seulement à l'alimentation de notre propre consommation locale, estimée à 25 Millions de sacs par an, pour lesquels nous sommes tributaires des Indes, mais encore à l'approvisionnement des marchés voisins de la colonie, de ceux de la Chine notamment, dont les importations sont considérables.

La *chanvre* et le *lin*. — La culture du chanvre et du lin est à essayer dans les régions propres à leur habitat. Celle du chanvre a déjà donné, dit-on, d'excellents résultats dans les hautes régions de l'Annam et du Tonkin.

Le *coton*. — Etude des voies et moyens pour développer la culture du coton sur une très grande échelle et en améliorer la qualité. Notre production doit pouvoir servir à l'alimentation non seulement des industries locales, dont le nombre ne pourra qu'augmenter, et qui sont actuellement tributaires de l'étranger pour les neuf dixièmes de leurs approvisionnements, mais encore à celle de l'industrie française, tributaire également de l'étranger, de l'Amérique plus spécialement, qui est devenue, grâce à l'importance de sa production, la maîtresse du marché et des cours, au grand dam de nos intérêts nationaux et de notre change.

L'expérience semble avoir prouvé que les espèces de coton, d'origine étrangère, introduites en Indochine ne tardaient pas à dégénérer et qu'il conviendrait peut-être de procéder chaque année à des achats en Amérique, en Egypte ou ailleurs, de graines de coton longues soies, celà en quantité proportionnelle à nos besoins et à l'étendue des terres à mettre annuellement en culture en Indochine dans cet ordre d'idée.

Thé. — Développement à donner à la culture du thé et améliorations à apporter aux conditions de préparation de ce produit. Création de qualités types similaires à celles de provenance de Chine, des Indes ou du Japon, l'ensemble de notre production étant au moins égale, comme qualité, à celle de ces provenances, qui trouve son écoulement sur les marchés d'Europe et d'Amérique, en Asie Mineure, voire même en Afrique, (Algérie, Tunisie, Maroc), dont les importations prennent chaque jour une plus grande extension.

Soies grèges (culture du mûrier). — Etude des voies et moyens pour donner à la culture du mûrier une plus grande extension et par suite à la sériciculture les possibilités de se développer sur une très large échelle, de façon à réduire progressivement l'important tribut que l'industrie lyonnaise paie chaque année, sous cette forme, à la Chine et au Japon.

Multiples encouragements à donner encore à la production des soies filatures et des soies natives, c'est-à-dire filées à la main ; à la fabrication également des tissus pongées, tussors ou autres du même genre.

Poivres. — Etude de la question des poivres indochinois, actuelement à l'ordre du jour, par suite de la mévente dont ils sont l'objet sur le marché métropolitain, au détriment de notre change. Modification à apporter, s'il y a lieu, au régime de la détaxe et du contingentement. Recherches de nouveaux débouchés à l'étranger.

Caoutchoucs. — Solution à donner à la question des caoutchoucs, dont la production est complètement arrêtée du fait de la hausse enregistrée dans le cours de la piastre. Création sur place d'industries s'y rattachant ; extension à donner à celles déjà existantes.

Primes à la production.

Attribution de primes à la production, sous forme d'avances faites sans intérêt et consenties, soit sur les fonds de la caisse de réserve, soit par la banque de l'Indochine, à laquelle cette obligation serait imposée, en échange de son privilège, au moment de son renouvellement en 1921.

Primes à la motoculture ou à la culture pratiquée à l'aide de charrues modernes.

Primes à accorder aux exploitations agricoles pour tout hectare de terrain cultivé au moyen de charrues modernes ou d'appareils de motoculture ne bénéficiant d'aucune autre subvention.

Au Maroc : le taux de ces primes est ainsi fixé :

50 francs par hectare pour les labours d'ensemencement effectués par motoculture et en supplément des superficies ordinairement cultivées.

25 francs par hectare pour les labours par motoculture d'ensemencement ne constituant pas une extension de culture et pour les labours préparatoires non suivis d'ensemencement.

Fonds de colonisation.

Création d'un fonds de colonisation, pourvu de ressources suffisantes, pour faire face à toutes les dépenses nécessaires au fonctionnement des divers rouages indispensables à la mise en valeur de nos ressources agricoles et à l'attribution de primes d'encouragements.

Création du crédit agricole.

Organisation de cette institution dont la caisse serait alimentée :

1° Par le versement d'une somme de ...., ne portant pas intérêt, effectué par la Banque Indochine, pour toute la durée de son privilège ; cette somme serait consacrée à des prêts à faire aux agriculteurs ;

2° Par le versement d'une redevance de 1 % des bénéfices de cette banque, dont le montant servirait à subventionner des études agricoles, à organiser la lutte contre les insectes et les maladies des plantes, à introduire de nouvelles cultures dans la colonie, à répandre dans la contrée la méthode de la sélection des graines, etc...

Crédit foncier.

Favoriser la création de sociétés de crédit foncier, à l'aide de subventions ou d'avances sans intérêt consenties, soit par la colonie, soit par la Banque de l'Indochine, comme contre-partie des avantages qu'elle retire de son privilège.

Mutuelles agricoles indigènes.

Encouragements à donner à la constitution de mutuelles agricoles indigènes, dont le but consistera à répandre les notions agricoles modernes; à procéder à l'achat en commun des engrais, dont elles feront connaître aux intéressés l'efficacité dans le rendement; à consentir à leurs membres des prêts sur récoltes, afin de les soustraire à l'usurier chinois ou indien; à propager les méthodes de sélection des graines et la mise en application des mesures propres à lutter contre les maladies des plantes, contre les épidémies du bétail, etc...

Afin d'assurer leur fonctionnement, des avances sans intérêt, prélevées sur les caisses du réserve, pourront leur être consenties, au début tout au moins. Ces mutuelles seront placées sous le contrôle de l'administration.

« Act torrens » et bien familial.

Etude de l'application, en Indochine, de « l'Act torrens » qui facilitera la transmission de la propriété, en donnant aux opérations toutes les garanties désirables. Création, comme correctif, du bien familial inaliénable, afin de mettre en garde l'indigène contre lui-même et contre ses propres penchants au jeu, en réduisant au minimum les conséquences de sa prodigalité.

Cadastre parcellaire.

Comme mesure préparatoire à cette application et pour donner plus de stabilité à la propriété, il y a lieu de procéder, dès maintenant, à la création du cadastre parcellaire, dont la nécessité s'impose chaque jour davantage.

Utilisation de l'aviation pour la levée des plans cadastraux.

Champs d'essais et fermes écoles. — Enseignement agricole indigène.

Organisation de l'enseignement agricole indigène sur des bases solides et pratiques, en vue de la formation de cultivateurs, de chefs de culture et de métayers pour le service des grandes exploitations agricoles, d'agents de culture destinés à nos services agricoles et dont l'augmentation s'impose.

Création, par suite, de fermes-écoles nombreuses et multiplication des champs d'essais pratiques, pourvus des moyens d'action nécessaires, lesquels serviront en même temps de champs de démonstration pour les élèves.

Concours agricoles. — Tracteurs coloniaux.

Organisation de concours agricoles dans les principales régions de production et d'élevage ; y faire figurer en outre toutes les machines agricoles susceptibles d'être adaptées aux conditions de la culture locale. Par suite, introduction progressive, dans la colonie, de la charrue moderne ou de la culture mécanique qui viendra simplifier considérablement le problème de la main-d'œuvre devenu de toute première importance dans certaines régions.

Je mentionne, à toutes fins utiles, que le ministre des colonies de Belgique a pris l'initiative d'un concours de tracteurs coloniaux qui a du se tenir à Bruxelles au printemps de cette année 1920. Des primes étaient prévues pour ceux de ces tracteurs marchant à l'huile de palme et à toute autre huile végétale, ainsi qu'aux huiles lourdes de pétrôle. Ne pourrait-on procéder de même, au point de vue Indochine, en profitant, pour cela faire, de l'Exposition coloniale de Marseille de 1922, la colonie accordant des primes aux tracteurs pouvant être alimentés par l'alcool ou toute huile végétale susceptible d'être fournie, en abondante quantité, par la production locale.

Hydraulique agricole.

Donner une vigoureuse impulsion à l'hydraulique agricole : multiplier par suite les canaux d'irrigation, les travaux déjà exécutés dans cet ordre d'idée ayant donné des résultats on ne peut plus satisfaisants, les dépenses effectuées de ce chef pouvant être, au surplus, couvertes rapidement par une sensible plus-value du rendement des récoltes et, par suite, des recettes budgétaires.

Régime des eaux.

Comme mesure complémentaire, adoption d'un grand programme de travaux d'amélioration du régime des eaux, établi exclusivement par des spécialistes, afin de réduire au minimum, sinon supprimer totalement, les importants dégâts occasionnés par les inondations provoquées chaque année par la crue du Fleuve Rouge.

Spécialisation.

Pour permettre une étude rationnelle de toutes les questions énumérées ci-dessus, ou tout au moins de celles qui ont un caractère purement agricole et aboutir à des réalisations pratiques, il est indispensable de faire de la spécialisation en matière agricole une *règle absolue*, alors qu'elle n'est présentement que l'exception, aussi bien dans cet ordre d'idée que dans presque toutes les autres branches de l'activité économique de la colonie. Il conviendrait dès lors que chaque ingénieur agronome soit chargé exclusivement de l'étude des questions pour lesquelles son penchant naturel ou ses études antérieures l'auront plus spécialement préparé, C'est ainsi que le *café*, le *poivre*, le *thé*, le *maïs*, le *caoutchouc*, le *riz*, etc., auront leurs spécialistes ; de cette façon les études et les recherches seront conduites et poursuivies d'une façon méthodique et avec tout le soin désirable, pour le plus grand bien de la production locale et des échanges

Inspections agricoles.

Pour compléter cette mesure, division de chacune des subdivisions de la colonie en inspections agricoles ; placer à la tête de chacune d'elles un ingénieur agronome qui sera secondé par des agents de culture européens et indigènes, dont le nombre devra être considérablement augmenté, ainsi d'ailleurs que celui des inspecteurs et des sous-inspecteurs

Décentralisation des services.

Séparation absolue, comme organe de direction, des services commerciaux et des services agricoles, dont les attributions sont si différentes; en attendant cette réalisation, prévoir, dans la formation actuelle des services locaux, deux sections bien distinctes, pourvues de techniciens non interchangeables.

Création d'un service de recherches.

Création, dans chaque direction locale, d'un service ou d'une section spéciale de recherches agricoles, en possession de tous les moyens d'action nécessaires et travaillant en pleine coordination avec l'Institut scientifique de Saigon, dont l'organisation doit être complétée ; cet institut, rattaché à une *direction générale de l'agriculture* à reconstituer, deviendra en quelque sorte un organe de centralisation de tous les travaux de cet ordre. Ce service ou cette section devra s'intéresser à l'introduction dans la région de nouvelles cultures ; à l'amélioration des anciennes, par voie de sélection des semences ou à l'aide d'engrais appropriés ; à l'étude des maladies et des ennemis des plantes ; à la détermination des conditions de leur habitat ; à l'application des méthode scientifiques modernes de culture, etc.

Vétérinaires européens et indigènes.

Multiplier le nombre des vétérinaires, tant européens qu'indigènes ; répartir ceux-ci dans chaque province, sous la direction d'un vétérinaire français. Bien dressés et judicieusement choisis, ils peuvent rendre les plus grands services, en se faisant les propagateurs de nos méthodes prophylactiques et curatives, en cas d'épidémie.

Etudier les mesures prises à l'étranger pour combattre les épidémies qui frappent le bétail ; se tenir, à ce point de vue, en relation constante avec les instituts étrangers pour l'échange des découvertes faites ou des constatations enregistrées dans certains cas particuliers du domaine de la science vétérinaire.

Elevage.

Accorder des encouragements, judicieusement distribués, à l'élevage, qu'il convient d'améliorer par le croisement et la sélection des races chevalines, bovines, porcines etc... ; par l'introduction dans le pays de nouvelles espèces, telles que l'espèce ovine, dont l'élevage peut être utilement tenté sur des plateaux comme celui du Tran-ninh par exemple. Sa réussite serait pour la colonie une vraie source de revenus, moins par son alimentation en viande destinée à la consommation locale ou à l'exportation sous la forme congelée, que par sa fourniture en laine, la France étant tributaire chaque année de l'étranger pour une somme de 700 millions de francs — chiffre de 1913, — soit 285,000 tonnes, nos colonies n'en ayant fourni que 12,870 tonnes, la production de la France étant de 35,000 tonnes environ.

Telles sont résumées quelques-unes des mesures qu'il conviendrait de prendre pour assurer la mise en valeur de nos ressources agricoles.

FORÊTS

Programme d'action forestière.

Élaboration d'un programme d'action forestière, dont la mise en application s'étendra sur un certain nombre d'années, en vue de la reconstitution, de l'aménagement et de la conservation de nos forêts, pour en faire, par leur exploitation méthodique et rationnelle, une source de richesses pour le pays tout entier, en même temps qu'un régulateur du régime des fleuves. Actuellement, il semble que ce service soit plutôt considéré comme un organisme d'ordre fiscal, si on considère les faibles moyens financiers mis à sa disposition pous assurer l'exécution d'un programme aussi vaste que celui de la reconstitution de la forêt indochinoise, complètement dévastée dans maints endroits.

Au Yunnan.

A ce point de vue forêts et régime des eaux, il serait intéressant d'approcher, avec tous les ménagements nécessaires, les autorités du Yunnan, en vue du reboisement des vallées de cette province qui intéressent le régime de nos fleuves et la sécurité de notre chemin de fer.

Inventaire et classification.

Faire un inventaire complet et une classification rationnelle de nos espèces forestières, en déterminant leurs caractéristiques, eurs qualités propres et leurs possibilités d'utilisation.

Transports.

Étudier les moyens les plus appropriés pour assurer le transport et la vente de nos bois sur les marchés étrangers, sur ceux de Chine notamment, après que la France aura été approvisionnée, le cas échéant.

INDUSTRIES

Industries locales à encourager.

Encouragements à donner, sous une forme appropriée, à toutes les industries locales d'intérêt général, susceptibles de jouer un rôle important dans l'économie générale de la colonie ; favoriser la mise en application, dans ces industries locales, des données scientifiques modernes ; aider à la création et à la multiplication des petites industries familiales, ou tout au moins de celles susceptibles de procurer à l'indigène des moyens d'existence.

A citer dans cet ordre d'idée :

Engrais.

La fabrication des engrais azotés, de la cyanamide notamment, le calcaire se trouvant en abondance dans la colonie.

Préparation et méthode de vente aux indigènes et à l'extérieur de nos engrais phosphatés.

Soude.

Fabrication de la soude à l'aide de nos disponibilités annuelles en sel.

Produits chimiques.

Fabrication des produits chimiques, par le traitement des sous-produits de la soude et de celui de nos calcaires.

Sel aggloméré.

Préparation du sel sous la forme agglomérée, pour l'alimentation de la consommation intérieure de la colonie.

Minéral de zinc, zinc.

Traitement sur place du minérai de zinc et de ses sous-produits. Affinage du métal.

Minerai d'étain et de Wolfram.

Traitement sur place du minerai d'étain et de Wolfram. Séparation de ces deux métaux, à l'aide du procédé magnétique. Affinage de l'étain de provenance du Yunnan et de provenance locale.

Hauts fourneaux.

Etablissements de hauts-fourneaux, dans une région appropriée, à proximité à la fois des gisements de fer et de charbon, après toutefois que nos ressources auront été déterminées, à ce doublepoint de vue, d'une façon positive.

La colonie, par les grands travaux qu'elle doit entreprendre et par sa consommation courante, est en mesure d'absorber une bonne partie de la production, laquelle devra être toutefois calculée d'après ces besoins et d'après les débouchés que ses fers, ses aciers, ses fontes, sont susceptibles de trouver sur les marchés voisins de la colonie, dans la Chine du Sud notamment, dans les Indes néerlandaises, au Siam, etc... Je signale à toutes fins utiles la construction, envisagée à un moment donné, à Hongkong, d'un haut-fourneau dont j'ai fait mention dans une de mes communication antérieures et les installations, en plein fonctionnement, des forges et aciéries de Hanyang (Chine), qui ont fait l'objet d'un de mes rapports en 1915.

Verrerie.

Encouragements à donner à cette industrie naissance de la verrerie, capable de donner des résultats très satisfaisants : nous possédons en effet, à pied-d'œuvre, toutes les matières premières nécessaires à cette fabrication et nous avons à proximité de notre colonie un marché considérable, la Chine, qui est susceptible d'absorber la totalité de notre production, quelle qu'elle soit, en verrerie proprement dite et en verre à vitres. Nous aurons en outre, la situation normale une fois rétablie et avec elle le change indochinois, les capitaux et les techniciens.

Mines.

Etude complète, par une prospection rationnellement faite, de nos ressources minières, minerais de tout genre et charbons ; déterminer l'importance, la disposition et les caractéristiques des gisements ; prendre ensuite toutes mesures utiles pour en favoriser l'exploitation ; création de voies de communication ; multiplication des moyens de transport les plus économiques ; modification s'il y a lieu, de la législation minière, qui doit être appropriée aux conditions locales ; réduction ou suppression des redevances, suivant le cas ; recrutement de la main-d'œuvre ; création de la force motrice à bon marché, par des installations hydro-électriques, etc... Autant de questions qui intéressent au premier chef les entreprises minières, qui se plaignent amèrement des difiécultés de tout genre qu'elles rencontrent du fait de la règlementation ou de l'absence presque complète, dans certaines régions, des moyens de transport nécessaires à l'évacuation de leurs produits.

Dans le même ordre d'idée continuation des recherches effectuées pour déterminer l'emplacement et la disposition des filons d'or que l'on dit existants dans certaines parties de la colonie, au Laos notamment ; des mines d'argent ou plus exactement de plomb argentière signalées, actuellement en travail ou exploitées précédemment dans différentes régions. Encouragements à donner à l'exploitation de celles d'entre elles qui peuvent être d'un bon rapport pour la colonie et à la remise en travail de celles qui ont dû être abandonnées, faute de capitaux suffisants.

L'hydro-électrique.

Etude des voies et moyens pour assurer la récupération, la répartition et l'utilisation des forces hydrauliques transformées en énergie électrique et mises sous cette forme au service de nos établissements industriels et de nos exploitations minières, particulièrement dans la haute région du Tonkin, qui doit devenir vraisemblablement le centre de nos industries métallurgiques. Il existe en effet, dans cette région, des chutes d'eau importantes, dont la captation, à l'aide de barrages et la transformation en énergie, à l'aide d'installations de centrales électriques, peuvent permettre la récupération d'un grand nombre de chevaux-vapeur et par suite le transport à longue distance de la force motrice, mise ainsi à la disposition des centres d'activité industrielle créés dans un rayon très étendu.

Le Maroc nous donne l'exemple dans cet ordre d'idée, puisque le protectorat a envoyé récemment une mission de spécialistes reconnaître les possibilités de mise en valeur des ressources hydrauliques d'une certaine région, en vue de la production de l'énergie hydroélectrique. Cette mission a conclu favorablement à la mise à l'étude d'un projet de barrages, dont la réalisation permettra la récupération d'une puissance de 60,000 chevaux et une économie en combustible de 80 millions de francs.

Appel aux capitaux et industriels français.

Étude des voies et moyens pour attirer dans la colonie, la situation redevenue normale, les capitaux et les industriels français qui ont eu jusqu'alors une trop grande tendance à négliger les colonies pour se diriger vers les pays étrangers, dont les ressources latentes et les garanties offertes étaient cependant moins importantes et moins sûres que celles qu'ils sont assurés de trouver en Indochine.

La stabilisation de la piastre, par les garanties qu'elle peut donner, peut avoir cet autre résultat d'attirer, vers notre colonie, l'activité des capitalistes français.

Une active et incessante propagande, judicieusement faite dans les milieux financiers et industriels de la métropole, est donc à recommander ; mais il est indispensable que les intéressés aient la ferme assurance qu'aucune mesure de règlementation ou autre, portant restriction de leur action, ne sera prise, qui serait de nature à nuire au fonctionnement et au développement de leurs entreprises et qu'au contraire, ils pourront être appelés à bénéficier, le cas échéant, de certains encouragements spéciaux. Il semble en effet que les industriels français redoutent, dans cet ordre d'idée, une intervention inopportune de l'administration, plus nuisible en l'espèce qu'un complet désintéressement, affirment-ils, si j'en crois les nombreuses récriminations que je reçois fréquemment de nos compatriotes intéressés dans des entreprises indochinoises, quand je les entretiens du développement à donner à leurs exploitations.

Lois sociales. — Règlementation du travail.

En conséquence de ce qui précède, différer, pour un long temps, l'application en Indochine de toutes les lois françaises, de n'importe quel ordre, réglementant le travail, aucune ne pouvant s'adresser à la colonie, pourvue d'un statut spécial adapté à une population à mœurs et à mentalité si différentes des nôtres.

La moindre tentative de cet ordre, par les restrictictions qu'elle comporterait inévitablement, serait de nature à entraver l'essor de notre industrie naissante qui a besoin, pour se développer, d'une grande liberté d'action : elle serait, au surplus, absolument nuisible à notre prestige dans bien des cas et, par suite, au principe d'autorité en vertu duquel nous gouvernons le pays, par la mise en application, si minime soit-elle, du principe égalitaire vers lequel nous serions forcément entraînés, si nous n'y prenions garde.

Développement intellectuel.

De même, celà soit dit en passant, il convient d'agir avec beaucoup de circonspection dans l'essor à donner à notre enseignement au point de vue indigène. C'est ainsi que *l'École de droit*, de création récente, ne pourrait avoir d'autre résultat, je le crains du moins, que celui de provoquer la création de cabinets d'affaires annamites, sortes d'officines dans lesquelles, en vertu même du droit enseigné, s'il est complet, on discutera notre position dans le pays.

L'extension à donner à *l'enseignement secondaire*, dans la forme sous laquelle il est pratiqué en France, me paraît également dangereuse, présentement tout au moins, à moins qu'il ne soit l'objet d'une soigneuse ventilation appropriée à la mentalité de l'indigène. Le peuple annamite n'est pas encore arrivé à un perfectionnement tel qu'il puisse recevoir l'instruction intégrale donnée en France dans nos établissements scolaires : ce n'est que par par une série d'étapes suscessives, qu'il convient de ne pas précipiter, que nous arriverons à former son jugement, à l'élever à notre niveau et à l'adapter à nos conceptions.

Apprentissage et enseignement professionnel élémentaire.

En vertu de ce qui précède, il me semble prudent de marquer un temps d'arrêt dans le développement de l'instruction supérieure et secondaire et de favoriser par contre le développement de l'apprentissage, si négligé jusqu'alors.

Par suite, organisation de l'enseignement professionnel élémentaire, d'ordre industriel et commercial, sur des bases solides, pratiques et adéquates au milieu local, en mesure de former de bons ouvriers spécialistes, de bons contremaîtres et de bons employés, dans une proportion *en rapport strict* avec les besoins annuels de chacune des diverses branches de l'activité économique indochinoise : industrie, agriculture, conmerce marine, pêches, etc. Je recommanderais volontiers le système adopté au Japon, où l'apprentissage est l'objet des préoccupations constantes du gouvernement et du monde industriel Cet enseignement y est divisé en deux parties : partie théorique, partie pratique, toutes les deux données à l'usine même ou au magasin, c'est-à-dire dans le milieu le plus approprié pour inculquer à l'apprenti les notions exactes du travail pratique ; les théories enseignées le matin sont mises en application le soir même, dans les conditions normales de production ou de vente. Rien ne sert, en effet, de savoir fabriquer un objet ou de préparer une pièce, si le prix de revient est tel qu'il devient invendable. C'est cet écueil qu'il faut surtout éviter dans nos tentatives d'application de cet enseignement en Indochine ; il est de toute nécessité, il est prudent même que l'indigène puisse gagner sa vie à l'aide de la profession que nous lui aurons enseignée.

Une note détaillée, préparée par mes soins, à ce point de vue, a été remise à M. le Gouverneur Général, à la suite de mes deux missions au Japon en 1916 et 1917 ; elle traite de l'enseignement professionnel dans cette contrée.

Enseignement professionnel supérieur.

Différer l'organisation de l'enseignement technique supérieur, dont l'urgence n'est pas suffisamment démontrée et seulement après que l'enseignement professionnel élémentaire, d'ordre pratique, aura donné des résultats probants.

2

Le moment venu, recruter, dans la plus large mesure possible, les candidats à cet enseignement supérieur, soit parmi les plus intelligents de ceux, sélectionnés, des ouvriers spécialistes de retour de France, qui auront montré des aptitudes spéciales et qui auront fréquenté nos écoles métropolitaines d'application industrielle, soit parmi les meilleurs des lauréats de l'enseignement professionnel élémentaire local, possédant des qualités de savoir suffisantes. L'expérience a démontré, en effet, d'une façon constante, que les Annamites, pourvus d'un parchemin quelconque, n'aspirent qu'à devenir fonctionnaires; qu'ils répugnent au travail manuel, considéré par eux comme dégradant et qu'en conséquence les lauréats éventuels de cet enseignement technique supérieur, si les élèves sont recrutés dans nos diverses écoles complémentaires, comme il est prévu, me semble-t-il, dans les textes, seront inaptes à enseigner aux apprentis les méthodes pratiques de travail dont ils ignoreront eux-mêmes les premiers éléments et à se mettre à leur portée pour leur fournir toutes les explications utiles.

D'autre part, ils ne pourront être, pour l'industriel, sauf quelques rares exceptions, que de piètres auxiliaires, dont on ne voudra pas d'ailleurs. Cela étant, il est à craindre que nous n'en fassions que des mécontents et des aigris, par suite de l'incapacité dans laquelle ils se trouveront de gagner leur vie.

Autres écoles professionnelles.

En outre de cet enseignement professionnel, d'ordre purement industriel, il faut envisager la création d'autres écoles professionnelles, destinées à fournir des auxiliaires pour nos diverses administrations techniques, pour le commerce local et pour diverses autres branches de l'activité économique indochinoise.

A citer notamment :

La création d'une *école forestière*, d'une *école de navigation et de pêches*, d'une *école d'arts et métiers*, d'une *école de commerce*, déjà prévue, sinon ouverte, de *deux écoles d'agriculture élémentaire et supérieure*, déjà en fonctions d'ailleurs, d'une *école de travaux publics* (cadastre, levée de plans, etc.), d'une *école hôtelière*, etc... en outre de certaines autres, créées déjà et auxquelles il conviendrait peut-être de donner un plus grand champ d'action, en facilitant grandement leur recrutement au delà de nos frontières, les étudiants chinois étant appelés à devenir, de ce fait, les meilleurs propagateurs en Chine de nos méthodes, de nos produits et de notre influence, ainsi que nous le verrons plus loin.

Ecole de navigation.

Cette création s'impose, en vue de la substitution indispensable d'équipages annamites aux équipages français, devenus trop onéreux pour la navigation française dans ces mers d'Extrême-Orient, où notre pavillon se trouve en concurrence avec ceux de nationalité japonaise, chinoise, suédoise, anglaise, etc., qui ne sont pas soumis aux mêmes charges.

Ecole de pêches.

Création d'une école de pêches ou simplement d'une section de cet ordre rattachée à l'école de navigation, pour former des équipages spéciaux aux chalutiers à vapeur, dont l'utilisation est de plus en plus à recommander ; pour apprendre aux indigènes les notions modernes de pêches, la façon d'assurer la conservation et la préparation du poisson, son classement par catégorie, ses habitudes, les différents modes d'utilisation des sous-produits et des déchets, les maladies occasionnées par certaines espèces, les méthodes présentives et curatives.

Ecole de commerce.

Cette institution, déjà décidée, et en partie réalisée, je le crois, du moins, doit permettre à nos protégés d'étudier le mécanisme des affaires et d'arriver, par ce moyen, à l'élimination progressive de l'élément chinois de toutes les transaction intérieures et extérieures de la colonie et par suite au maintien en circulation, dans le pays, de toutes les sommes découlant de la production locale et des échanges, lesquelles serviraient à la création sur place de nouvelles affaires industrielles et commerciales qui augmenteraient d'autant la prospérité de la colonie. Dans l'état actuel des choses, les bénéfices réalisés par les Chinois sont généralement envoyés en Chine, ce qui diminue d'autant notre capital en travail.

Envoi de jeunes gens à l'étranger.

Il conviendrait de complèter cet organisme, utile au premier chef, par l'envoi chaque année à l'étranger, à Shanghai, à Hongkong, à Singapour, etc... d'un certain contingent de jeunes gens sortant diplômés de cette école de commerce et choisis parmi les meilleurs, qui seraient placés, soit dans les banques, soit dans des maisons de commerce, soit même encore dans des compagnies de navigation où ils mettraient en application, d'une façon pratique, les notions apprises à l'école. Cet envoi pourrait être fait et la surveillance exercée dans les conditions prévues pour les jeunes gens qui vont en France y parfaire leur instruction

Voir à ce sujet le rapport que j'ai fourni à M. le Gouverneur général en 1914 ou 1915.

Ecole hôtelière.

Création d'une école ou tout au moins de cours spéciaux destinés à former le personnel accessoire de bord pour le service des passagers, (boys, cuisiniers, maîtres d'hôtel etc.), sur les grands courriers et sur les annexes, aussi bien d'ailleurs que le personnel, si inférieur actuellement, des hôtels de la colonie, celà en vue du tourisme.

Ecole forestière.

Institution destinée à former des gardes forestiers indigènes auxiliaires, appelés à seconder les cadres européens dans la reconstitution et la conservation de la forêt; à faire connaître, dans les milieux indigènes, les graves inconvénients du déboisement inconsidéré et les ressources nombreuses que peut procurer au pays et à eux-mêmes une forêt bien aménagée.

En attendant cette réalisation, le service forestier pourrait commencer, dès maintenant, à recruter ses agents auxiliaires parmi les lauréats de nos 2 écoles élémentaires d'agriculture.

NAVIGATION ET TRANSPORTS MARITIMES ET FLUVIAUX

Flotte indochinoise.

Constitution d'une société montée par actions émises sur place en Indochine et en France, en vue de l'exploitation de la flotte indochinoise, la colonie apportant sa garantie d'intérêt (8 °/o par ex.), durant une certaine période, l'expérience ayant amplement démontré que l'administration n'était pas outillée pour gérer convenablement la moindre exploitation, à plus forte raison celle de ce genre qui exige de la compétence, de l'ordre, de la méthode et un sens pratique des réalités économiques qui lui font si souvent défaut.

Transports directs.

Etude des voies et moyens pour assurer le transport, sous pavillon français et à destination directe de la France exclusivement, de toutes les matières premières de provenance de notre colonie, ou des provinces chinoises limitrophes de notre territoire, du Yunnan notamment, afin de conserver à nos nationaux le maximum des bénéfices réalisables de ce chef et à notre industrie nationale la totalité de notre production.

Le transport par bateaux étrangers de nos produits, outre qu'il prive nos compagnies de navigation d'un certain contingent de fret, ce qui influe, dans le sens de la hausse sur l'établissement de leurs tarifs, risque de faire prendre peu à peu le chemin de l'étranger à la plupart de nos propres matières premières, lesquelles souvent nous reviennent, à l'état manufacturé ou non, avec une majoration de prix sensible, au grand dam de notre industrie nationale, de notre change et du coût de la vie en France.

Primes au tonnage transporté.

Attribution, aux compagnies subventionnées, de primes au tonnage transporté et non plus au nombre de milles parcourus, l'expérience ayant démontré que les encouragements sous cette dernière forme ne réalisaient pas toujours le but poursuivi.

Tarifs combinés.

Mise en application en Indochine du système des tarifs combinés, dans ses relations avec la métropole et avec les pays d'Extrême-Orient, pour tous les transports effectués par les unités de la flotte indochinoise.

Etude, d'accord avec les services intéressées, des voies et moyens pour étendre ce système aux autres compagnies de transports maritimes, subventionnées ou non, qui fréquentent nos ports.

Relations maritimes avec les pays voisins.

Augmentation, par des moyens appropriés, des relations commerciales de l'Indochine avec les pays voisins : Chine, Indes néerlandaises, Philippines, Etats Malais, Siam, etc., en multipliant les moyens de transport maritime ; on ne fera jamais assez pour l'amélioration de tout ce qui peut aider à la multiplication des échanges à l'extérieur.

Décret du 21 décembre 1911.

Adoption des mesures préliminaires à la mise en application en Indochine du décret du 21 décembre 1911 sur la marine marchande en Extrême-Orient, notamment en ce qui concerne la navigation fluviale, dont il convient de déterminer les limites.

Navigation fluviale.

Mesures à prendre pour permettre à la navigation fluviale, effectuée sous pavillon français, en Cochinchine notamment, de se substituer à l'élément chinois qui en a, en fait, le monopole, dans cette dernière contrée tout au moins ; encourager, pour celà faire, la formation d'associations franco-annamites, chacune des parties associées ayant un rôle bien défini à remplir ; aux Annamites la cueillette du frêt dans l'intérieur et son transport par sampans ou jonques sur les arroyos, aux Français le transport à destination au port d'expédition par chaloupes ou chalands remorqués.

Escadrilles de petits torpilleurs.

Création en Indochine d'escadrilles de petits torpilleurs à marche rapide, calant peu, genre « vedette » de l'ingénieur Recopé, pour assurer la surveillance de nos côtes rocheuses ou à hauts fonds, de nos fleuves, de nos arroyos, le respect par les Chinois des règlements sur les pêches en eaux territoriales, la poursuite des pirates et des contrebandiers en baie d'Along ; pour aider enfin au transport rapide des troupes nécessaires au maintien de l'ordre à l'intérieur ou à la répression de troubles, le cas échéant.

PORTS

Aménagement des ports.

L'aménagement de nos ports doit être l'objet de nos constantes préoccupations ; de grands travaux sont nécessaires pour les mettre à la hauteur des nécessités de la navigation moderne. Ce qui a été fait dans cet ordre d'idée n'est rien comparativement a ce qui reste à faire. On leur reproche leur exiguïté, leur défaut d'outillage moderne et la liaison complète avec la voie ferrée, en l'absence de gare maritime ; des voies d'accès difficiles et coûteuses, d'ou perte d'argent et de temps ; leur position, en retrait des grands parcours ; l'insuffisance du fret soit à l'aller, soit au retour, suivant le cas, ce qui doit nous inciter à créer sur place le marché de nos propres produits ; l'insuffisance du personnel technique ; peu ou pas d'ateliers de constructions navales, vraiment outillés à la moderne et en mesure non seulement de pouvoir faire toutes les réparations nécessaires, mais encore de permettre la mise en chantier d'unités militaires ou marchandes de moyen et de gros tonnage. Encouragements à donner par suite aux entreprises déjà créées.

Bassins de radoub.

A ce dernier point de vue, il serait utile en conséquence, de prévoir, en tout premier lieu, la création, sur quelques points de la côte propices et bien abrités, de bassins de radoub bien outillés, afin de conserver à l'industrie française le maximum des bénéfices réalisables de ce chef et pour permettre à la colonie, en cas de conflit en Extrême-Orient, de faire face à tous les besoins de son armement, les installations de Saigon étant, dit-on, insuffisantes sous ce rapport en raison de l'étendue de nos côtes.

Actuellement, les bâteaux des Messageries maritimes sont réparés à Yokohama, point terminus de la ligne. Dans un temps très rapproché, ces réparations se feront peut-être à Shanghai, dans les anciens ateliers de Nicolas Tsu, rachetés par un consortium franco-chinois, à la tête duquel se trouve le Creusot et la compagnie des Messageries maritimes, lequel se dispose à les aménager à la moderne. Il est regrettable, pour la colonie, que ces industriels n'aient pas cru devoir créer cette entreprise en Indochine, au Tonkin par exemple, qui ne se trouve qu'à cinq jours de Shanghai : il aurait été possible de trouver en baie d'Along un endroit propice.

Programme de travaux de port.

Il conviendrait dès lors d'adopter un grand programme de travaux de port (aménagements modernes, amélioration de leurs voies d'accès, etc.), à réaliser sur un certain nombre d'années, après des études judicieusement faites par des techniciens.

Autonomie des ports.

Pour donner à nos ports toute la liberté d'action nécessaire à la mise en marche de ces grands travaux, facteurs indispensables à leur développement et leur permettre de fonctionner en toute indépendance, leur accorder une autonomie pleine et entière, d'après le système prévu à *Manille* par exemple et en émettant des actions ou des obligations, avec, dans le premier cas, garantie d'intérêt donnée par la colonie, qui fournirait en outre les fonds nécessaires à l'organisation des services, dans certaines conditions déterminées.

Ports francs.

Pour compléter cette mesure ou pour aider à sa réalisation, suivant le cas, créer Haiphong port franc ou y établir une zone franche tout au moins, qui permettra la manipulation et la transformation des produits étrangers, destinés à la réexportation ou à la consommation dans la colonie, cette transformation effectuée, de ceux du Yunnan notamment, de l'étain en particulier, dont l'affinage pourrait être fait dans cette zone franche.

Extension, le cas échéant, de cette franchise à Saigon, si le besoin s'en fait sentir. Cette mesure aurait pour résultat d'augmenter les possibilités de fret, d'encourager la venue dans nos ports des bateaux étrangers et, par suite, de nous donner les moyens de créer chez nous, ainsi que je viens de le dire, le marché de nos propres produits et de ceux des provinces chinoises limitrophes de notre territoire.

PÊCHES

Pêches aux chalutiers.

Etude des voies et moyens pour encourager la création, par de grandes compagnies organisées à cet effet, de l'industrie de la pêche aux chalutiers à vapeur, laquelle est susceptible de procurer à la colonie d'importantes ressources, grâce à la variété des poissons qui se trouvent en abondance sur nos côtes. Etude, par suite, de l'emplacement des bancs de pêche et de la nature des fonds.

Salines.

Etablissement de salines à proximité même des principaux centres de pêche, afin de faciliter la conservation et la préparation des produits de la pêche. Actuellement, un grand nombre de pêcheurs annamites sont obligés de se procurer du sel à des distances très éloignées souvent de leur village, d'ou il résulte pour eux une augmentation de frais et une perte de temps considérable qui pourrait plus utilement être employé à la mer.

Eaux territoriales.

Application stricte aux étrangers, aux Chinois en l'espèce, des règlements sur la pêche en eaux territoriales. Dans l'état actuel des choses, des pêcheurs chinois de Pakhoi et d'une partie de la côte sud de la

Chine, viennent pêcher sur nos côtes d'Annam et en baie d'Along, sans être autrement inquiétés, puis retournent chez eux avec tout le produit de leur pêche, au détriment de nos protégés auxquels ils font de la sorte concurrence, parce que mieux outillés et plus audacieux, alors que ceux-ci devraient pouvoir au contraire alimenter de leurs produits une partie des marchés de la Chine du Sud.

Traitement des sous-produits et des déchets de poissons.

Adoption de toutes mesures utiles destinées à encourager, chez l'indigène, le traitement rationnel et l'emploi judicieux de tous les sous-produits et déchets de poissons. Transformation en engrais ou en huile, suivant le cas, des poissons non comestibles et des déchets ; fabrication de la roque etc...

Services des pêches.

Par suite de ce qui précède, création d'un service de pêches, composé exclusivement de techniciens, qui étudiera toutes les mesures propres à développer cette industrie de la pêche et la solution à donner à tous les problèmes se rapportant à cette importante question qui a été jusqu'à ce jour totalement négligée.

Frigoriques.

Usines de préparation. — Installation dans certains centres importants de pêche, d'établissements et d'usines nécessaires à la préparation des poissons destinés à l'exportation sous forme de conserves en boîtes ou à l'état frais, fumé ou salé, et au traitement des sous produits.

TOURISME

Organisation et propagande.

Organisation du tourisme d'une façon complète et pratique, en donnant au service chargé d'en assurer le fonctionnement tous les moyens d'action nécessaires.

Etudier, à ce point de vue, le système adopté au Japon qui devra nous servir de guide. Utiliser les services des grandes agences de voyages — genre Cook ou Duchemin — pour la propagande qui doit être faite, sur une très grande échelle, dans les contrées mêmes où s'organisent les grands voyages excursionnistes, en Amérique notamment.

Industrie hôtelière.

Organiser en Indochine l'industrie hôtelière sur des bases modernes, nos hôtels actuels ne répondant nullement aux besoins de ceux des touristes qui seraient disposés à venir en Indochine.

Aménagements de nos bateaux.

Prévoir, sur nos bateaux côtiers, des aménagements confortables qui font présentement défaut ; il serait désirable au surplus que les grands courriers des messageries maritimes, s'il ne doit pas en résulter une trop grosse dépense pour le budget de la colonie, continuent à desservir Haiphong, afin de faciliter la venue au Tonkin des touristes, et que la flotte indochinoise, quand elle sera pourvue d'unités confortables, assure un service de voyageurs combiné avec un service de transport de marchandises, sur tous les parcours susceptibles d'attirer, vers notre colonie, le courant touristique qui peut devenir d'un excellent rapport, en même temps qu'un moyen de propagande très efficace.

Excursions et chasses.

Organiser, durant la bonne saison, des excursions fréquentes et périodiques, voire des grandes chasses. Prévoir dans l'intérieur, à proximité des sites intéressants à visiter, des bungalows confortables.

ROUTES ET CHEMINS DE FER

Routes.

Etude d'un programme de grands travaux d'ordre économique, portant spécialement sur les voies de communication, en donnant une plus grande extension à notre réseau routier entrepris par M. Sarraut et ses prédécesseurs, particulièrement dans la région minière, si dépourvue dans cet ordre d'idée et dont la mise en exploitation est entravée de ce fait. Il faut considérer en effet, que la multiplicité des moyens de communication aisés, rapides et peu coûteux, facilite grandement les transactions commerciales intérieures et extérieures.

Il faut, au surplus, que notre système routier, de grande et de petite communication, soit conçu d'après un plan d'ensemble dressé par le service des travaux publics, de façon qu'il y ait toujours raccordement, lequel fait souvent défaut dans l'état actuel des aménagements.

Chemins de fer.

Compléter le raccordement entre eux de nos chemins de fer ; prévoir leur extension vers les régions dépourvues de moyens de communication, vers le Laos notamment et au delà de nos frontières, vers le Siam et la Chine, par une entente avec ces pays.

COMMERCE

Foires.

Organisation, dans l'intérieur de la colonie de foires, périodiques du genre de celles inaugurées récemment à Hanoi, mais en leur donnant un réel caractère pratique tel que les transactions soient la note dominante. Ces foires doivent être créées au milieu des régions productrices, dans des centres situés à proximité des grands courants commerciaux et desservis par des moyens de communication aisés, par terre, par voie ferrée ou par eau, qui en rendent l'accès facile pour acheteurs et vendeurs et les transports peu coûteux.

Expositions permanentes.

Ces foires doivent être complétées par l'organisation, dans des centres importants, d'expositions permanentes, constamment tenues à jour, de nos produits locaux, afin de permettre aux commerçants de se renseigner à tout instant sur les possibilités, les disponibilités, les prix, dans chaque région, de ceux des produits dont ils ont la vente.

Elles devraient servir également à alimenter, dans une large mesure, les comptoirs d'échantillons à organiser sur les principaux marchés d'Extrême-Orient, à Shanghai, à Hongkong, à Singapour, à Yunnanfou, etc. .. en association avec les commerçants et les industriels de la métropole, création que je n'ai cessé de préconiser depuis 1905. Ces comptoirs d'échantillons devraient se diviser en deux compartiments : l'un, purement administratif, qui étant alimenté par des envois faits par l'administration, représenterait l'ensemble de la production indochinoise par subdivision et dans chaque subdivision par catégorie de produits ; ce serait en quelque sorte l'inventaire, mis à jour, des ressources de notre colonie. L'autre, d'un caractére moins général, serait constitué de toutes pièces à l'aide d'envois d'échantillons effectués par les commerçants eux-mêmes, de ceux des produits dont ils désirent assurer le placement à l'extérieur et sur lesquels des ordres pourraient être reçus, pour transmission aux intéressés. Chaque maison pourrait être pourvue d'un stand spécial.

Agences économiques et comptoirs de vulgarisation.

Création à Marseille d'une agence économique organisée sur les mêmes bases que celle qui fonctionne actuellement à Paris. Organisation à Marseille et à Paris, dépendant de ces agences, d'un comptoir de vulgarisation des produits indochinois et de comparaison avec ceux similaires, de provenance étrangère, importés en France. Ce comptoir de vulgarisation devra être tenu constamment à jour, par les soins des intéressés ou des chambres de commerce de la colonie, quant aux disponibilités du marché et aux prix ; il sera constitué, comme il est ci-dessus, pour ceux préconisés à l'étranger, par l'envoi d'échantillons effectués par les commerçants eux-mêmes.

Ce comptoir pourrait encore recevoir des échantillons de tous les produits étrangers en vente dans la colonie, sur la marché de Chine et dans les autres pays d'Extrême-Orient ; accompagnés de toutes les indications utiles, ces échantillons serviraient de guide à nos commerçants et à nos industriels pour le placement, sur ces marchés, d'articles similaires de fabrication française.

Des agents, spécialement désignés à cet effet, devront, au surplus, visiter les industriels français en mesure d'utiliser nos matières premières ou d'approvisionner, en produits français par l'Indochine, les marchés d'Extrême-Orient.

Sentences d'arbitrage.

Le Directeur de chaque agence économique pourrait être habilité pour rendre des sentences d'arbitrage, sur rapports fournis par des experts dûment autorisés, en cas de contestations entre importateurs français et exportateurs indochinois : dans ce cas, il serait indispensable de constituer chaque année en Indochine, au moment des récoltes, pour ce qui est relatif aux produits agricoles et après accord passé avec les chambres de commerce ou d'agriculture, les syndicats de producteurs ou d'exportateurs, des séries d'échantillons types se rapportant, soit à la qualité moyenne courante des produits, soit à chacune des qualités donnant lieu à transactions sur le marché. Ces échantillons, dont il serait conservé le double en Indochine, seraient envoyés à Paris et à Marseille ; ils serviraient d'étalons types sur lesquels seraient rendues les sentences d'arbitrage.

Propagande.

Organisation dans la colonie d'un service de propagande commerciale pour la France et l'étranger, qui se tiendra en relation étroite avec les groupes économiques déjà créés ou en voie de l'être dans la métropole, afin de faire connaître nos produits et d'en assurer le placement de la façon mentionnée ci-dessus, en même temps que d'amener les industriels et les capitalistes français à s'intéresser à la mise en exploitation de nos ressources agricoles, industrielles et minières. Il y a lieu de tenir compte en effet que nos industries s'alimentent très souvent à l'étranger de matières premières qu'elles pourraient aisément trouver en Indochine, par un développement plus intense donné à la production locale

Des communications fréquentes devraient en conséquence être faites à ces groupes, sur nos possibilités d'approvisionnements en matières premières, sur les débouchés offerts aux produits français dans la colonie et les pays voisins, en Chine notamment, sur les ressources qu'offre l'Indochine au point de vue industriel, afin d'y attirer capitaux et techniciens.

Action scolaire.

Etendre cette propagande aux établissements scolaires, par l'image, le cinématographe, des conférences ; par la distribution de brochures et l'organisation de cours spéciaux, afin d'attirer la jeunesse vers les carrières coloniales et réserver ainsi à l'Indochine des éléments de colonisation pour l'avenir.

Action à l'étranger.

Entretenir à l'étranger des agents de notre expansion économique, dont il a déjà été fait mention ; judicieusement choisis et pourvus de l'autorité et des moyens nécessaires à la réussite de leur mission, ils peuvent rendre les plus grands services.

Maintenir le contact avec ces agents, par l'envoi fréquent de missions qui seraient chargées de les contrôler, de les conseiller et de diriger leur action.

Télégraphie sans fil.

Utilisation de la T. S. F. pour les transactions commerciales, comme cela existe déjà dans certains pays, de façon à remédier aux très longs retards apportés à la transmission par câbles des dépêches à destination d'Europe, retards qui sont très préjudiciables au développement de nos échanges extérieurs, présentement surtout, en raison des fluctuations incessantes et parfois importantes des marchés, au double point de vue change et valeur des produits.

ÉTABLISSEMENTS DE CRÉDIT

Banques, crédit, caisses d'épargne.

Prévoir, au moment du renouvellement du privilège de la Banque de l'Indochine, certaines dispositions spéciales de nature à favoriser les initiatives d'ordre économique, ou de sauvegarder les intérêts généraux de la colonie. A citer notamment l'obligation d'avances à faire, dans des conditions peu onéreuses pour les emprunteurs, quand il s'agit d'entreprises intéressant le développement de la colonie ; celle de recevoir des dépôts publics en francs ou en dollars, portant intérêts à 5 °/o par exemple, de façon à retenir le plus possible dans le pays l'argent qui s'y trouve et encourager ainsi l'épargne, la Banque remplissant par ce moyen le rôle de caisse d'épargne. (1)

Il y a lieu de prévoir également une plus large rétribution, sous forme d'intérêts, des fonds de la colonie déposés dans ses coffres.

Aide à donner, par la Banque de l'Indochine, aux institutions de crédit agricole, de crédit industriel et commercial, organisées sous une forme appropriée aux conditions locales. Ces institutions sont de nature à aider grandement à la création et au développement des mutuelles indigènes que nous devons encourager par tous les moyens en notre pouvoir.

La Tunisie vient d'organiser ce genre de crédits, par décret fixant les conditions de création et de fonctionnement des sociétés de caution mutuelle et des banques populaires et prévoyant l'attribution, à ces sociétés, d'avances sans intérêt faites par la colonie, à concurrence du sixième de la redevance versée au Trésor tunisien par la Banque d'Algérie.

Etudier en conséquence le fonctionnement de cette banque et ses obligations vis-à-vis de l'Algérie.

Aide à donner, par la Banque de l'Indochine, à la création de magasins généraux et de warrants agricoles, afin de permettre à l'annamite d'emprunter sur le produit de ses récoltes, dans les conditions avantageuses et de le soustraire ainsi à la rapacité des usuriers.

Aide à donner, par le même établissement de crédit, à la création d'une caisse de prêts immobiliers et à l'organisation de sociétés de crédit foncier.

FINANCES — DOUANES

Le change de la piastre.

La question de la stabilisation de la piastre en Indochine et celles des mesures préliminaires qu'elle comporte, étant soumise à l'examen d'une ou de plusieurs commissions officielles, je m'abstiendrai de donner le moindre avis sur la répercussion que cette mesure peut avoir sur nos relations commerciales extérieures. Les conséquences seront favorables ou défavorables à notre expansion économique, suivant que le cours de l'argent sera supérieur ou inférieur à celui que

---

(1) J'apprends que cette mesure a eu un commencement de réalisation.

nous donnerons à notre monnaie et suivant aussi l'importance de notre commerce d'exportation avec les pays à monnaie non stabilisée comme la Chine, qui absorbe une grande partie de notre production agricole.

Avant de prendre une détermination, il serait prudent de s'informer pour quelle raison Hongkong n'a pas stabilisé sa monnaie, si la colonie des Indes Anglaises est satisfaite de sa stabilisation et de quelle façon fonctionne aux Philippines le système dit de compensation.

En tout état de cause, il conviendrait, dès qu'on sera définitivement fixé sur le régime à adopter, de prévoir, au moment du renouvellement du privilège de la Banque de l'Indochine, certaines dispositions propres à aider à la réalisation de cet important problème du change dans notre colonie.

Opium et taxes de remplacement, tabacs.

Etude attentive des taxes à proposer, en remplacement des recettes budgétaires qui vont disparaître, du fait de la suppression prévue de la vente de l'opium en Indochine. Ces nouvelles taxes ne devront, en aucune façon, gêner l'essor économique de la colonie. Il serait peut être intéressant d'examiner si l'affermage des tabacs, confié à une entreprise particulière, dans les conditions qui ont déjà été étudiées antérieurement, ne pourrait pas donner de meilleurs résultats que la création envisagée d'un monopole d'Etat qui peut gêner l'essor de cette industrie naissante et, par suite, celui de la culture et de la préparation du tabac, en vue de son exportation à l'étranger.

Régime douanier.

Réclamer des pouvoirs publics l'autonomie douanière de la colonie et, par suite, l'établissement d'un tarif spécial conforme à ses besoins, tant au point de vue importation qu'exportation, de façon à lui donner pleine liberté pour l'alimentation de toutes les matières premières et de tous les matériaux nécessaires au développement de ses industries.

Etude, au point de vue douanier, des relations commerciales de l'Indochine avec le Japon, les Philippines, les Indes Néerlandaises, les Etats Malais, le Siam, la Chine. Modification des tarifs s'il y a lieu. La question est particulièrement importante en ce qui concerne le Japon qui sollicite instamment la mise en application, en sa faveur, d'un tarif minimum pour ses produits à leur entrée en Indochine, qu'il convient de ne lui accorder que contre compensation.

Surtaxe d'entrepôt.

Création d'une surtaxe sur toutes les marchandises étrangères importées, du lieu de provenance, dans la colonie, après transbordement et emmagasinage dans un autre port étranger. Cette mesure à pour but de favoriser le transport de ces marchandises sous pavillon français et d'établir des relations plus directes entre les ports étrangers d'expédition et les ports indochinois qui trouveront de ce fait un élément des plus favorables à leur développement. Ce transport en droiture aura pour autre avantage, s'il donne les résultats attendus, d'éviter les frais élevés de transbordement et d'emmagasinage qui grèvent, à Hongkong et à Singapour, les marchandises qui nous sont destinées et contribuent ainsi à l'augmentation, sans cesse croissante, du coût de la vie en Indochine. Cette mesure devant favoriser grandement l'armement français, il conviendra de prévoir l'établissement, en faveur du commerce français, de tarifs compensateurs, qui, soumis à l'homologation du gouvernement, ne pourront être modifiés sans son autorisation.

PROGRAMME DE PEUPLEMENT

Point de vue indigène.

Lutte contre la mortalité infantile et contre les épidémies. Multiplication, par suite, du nombre des maternités, du nombre des sages-femmes et des médecins auxiliaires indigènes ; les répartir dans chaque province, sous la direction d'un médecin français de l'assistance.

Répandre de plus en plus, dans la masse indigène, par l'intermédiaire de ces sages-femmes et médecins auxiliaires et par des brochures imprimées en Quoc-ngu, les conseils et les mesures d'hygiène et de prophylaxie. Multiplier les séances de vaccination, dont on exaltera, de la façon ci-dessus mentionnée, les bienfaits dans les campagnes et les villes.

Création d'orphelinats.

Création d'orphelinats indigènes destinés à recevoir les enfants des Annamites décédés au service de la France ou de la colonie ou morts de maladies contractées en service.

Point de vue français. — Attribution de concessions.

Attribution gratuite, dans des conditions à déterminer, des lots de colonisation aux fonctionnaires ou colons français pères de trois enfants au moins ou qui justifieraient de quinze ou vingt années de séjour dans la colonie.

Attribution d'une nouvelle surface de deux hectares de terre cultivable à la naissance de chaque nouvel enfant, à tout bénéficiaire d'un lot de colonisation concédé dans les conditions mentionnées ci-dessus.

Consentir des avances remboursables, d'après la méthode adoptée en France pour les habitations à bon marché, aux bénéficiaires de ces concessions qui n'auraient pas les moyens financiers nécessaires pour les mettre en exploitation.

Emploi des annamites de retour de France.

Prévoir, en échange de ces avantages et dans des conditions déterminées, l'emploi par ces concessionnaires, comme métayers ou chefs de culture, des Annamites de retour de France, agréés par eux, sur présentation de l'administration et qui auraient été employés dans la métropole à des travaux agricoles.

Etat civil indigène.

Etude des mesures propres à favoriser l'application de l'état civil indigène dans toutes les provinces de la colonie, en commençant par les chefs-lieux, sous la forme, modifiée ou non, adoptée dans certains centres comme Hanoi ou Haiphong.

DÉVELOPPEMENT DE NOTRE INFLUENCE EN CHINE

Utilisation des fonds budgétaires.

Utilisation, dans les provinces chinoises les plus rapprochées de l'Indochine exclusivement, des fonds budgétaires consacrés annuellement au développement des œuvres d'influence française en Chine, au lieu de les disperser ou de les attribuer à des régions qui n'offrent aucun intérêt pour notre Colonie.

Voies de pénétration économique.

Etude d'un programme de pénétration en Chine, par voies ferrées ou par routes : Route de Langson à Longtchéou, actuellement amorcée, ligne de Hanoi à Pakhoi, un instant envisagée, prolongement du chemin de fer du Yunnan vers suifu d'une part, vers Tengyuch d'autre part, ou simplement construction d'une route, à plate-forme pour chemin de fer, sur ce dernier parcours, etc.

Ecoles.

Propagande à faire en faveur du recrutement des jeunes gens chinois pour nos écoles indochinoises créées ou en voie d'organisation : Ecole de médecine, école vétérinaire, écoles élémentaire et supérieure d'agriculture, école de commerce, écoles primaires et supérieures, université, etc... Ces jeunes gens, de retour dans leur pays, leurs études terminées, se feront les propagateurs de nos méthodes et de nos produits ; ils seront pour nous, au point de vue économique, de précieux auxiliaires qui travailleront, de concert avec nous, au développement de notre influence et de nos transactions. Par contre, instruits au Japon, à Hongkong, en Amérique ou en Angleterre, ils peuvent devenir nos opposants et contrarier notre action commerciale en Chine.

Mission économique en Extrême-Orient.

Il serait intéressant, au surplus, qu'une importante mission économique, composée de parlementaires et de techniciens, vienne étudier sur place les grands problèmes d'ordre économique : banques, tarifs de douanes, transports maritimes, traités de commerce, etc... qui se posent actuellement en Extrême-Orient d'une façon pressante et dont la solution importe considérablement au développement de nos relations commerciales dans cette partie de l'Asie et surtout en Chine, ce grand marché de 400 millions de consommateurs, où tout est à créer.

Cette mission pourrait visiter le Japon, la Chine, les Indes Néerlandaises, les Philippines, les États Malais, le Siam et terminer son voyage par l'Indochine. L'Amérique, l'Angleterre et le Japon nous ont déjà précédés dans cette voie.

Elle pourrait étudier en outre la répercussion que la guerre peut avoir sur la position occupée par les étrangers en Chine et examiner, d'ores et déjà, les compensations que l'Indochine et la métropole peuvent être appelées à réclamer, le moment venu, en échange de l'abandon éventuel de certaines prérogatives dont nous jouissons de par les traités: juridiction consulaire, concessions, douanes, etc... Ces compensations pourraient être envisagées pour l'Indochine, sous la forme de concessions de chemins de fer à construire et de mines à exploiter dans les provinces limitrophes de notre territoire, voire au Szechuen; sous celle de facilités données à la navigation fluviale, de rectification de frontières, le cas échéant, d'ouverture de nouveaux ports au commerce étranger, de l'extension à donner à l'enseignement du français dans les écoles supérieures chinoises, etc...

ACTION FRANÇAISE AU YUNNAN

Politique d'association et de rapprochement.

Adoption, à l'égard de cette province, d'une politique d'association et de rapprochement économique suivie, prudente et réfléchie, exempte des à-coups du passé, si contraires à nos intérêts et qui ont fait naître contre nous certaines préventions, qui subsistent encore malgré tout, entretenues qu'elles sont au surplus par nos concurrents étrangers.

Cette politique doit avoir pour principal objectif la multiplication des échanges et l'exploitation, en association avec des groupements chinois, des mines de la province, d'une très grande richesse assure-t-on, en *fer, étain, plomb, argent, zinc, cuivre, antimoine, charbon*, etc, et dont l'apport, sous forme de minerai ou de métal non affiné suivant le cas, doit servir considérablement à la mise en marche et au développement de nos industries métallurgiques locales envisagées, en leur assurant un approvisionnement constant en matières premières ou en produits à demi-traités.

Tous les efforts doivent donc tendre vers la réalisation de cet objectif.

Je n'ai pas sous les yeux le programme d'action que j'ai soumis à M. le Gouverneur général de l'Indochine à la suite des deux missions dont j'ai été chargé dans cette province ; je peux le résumer, toutefois, de la façon suivante :

Association amicale franco chinoise.

1o Création d'une association amicale franco chinoise, d'ordre purement économique, afin de nous rapprocher de l'élément commerçant et faire disparaître la prévention injustifiée dont nous sommes l'objet ;

2o à la faveur de cette association, organisation à Yunnan des organismes suivants :

a) Exposition permanente.

D'une exposition permanente des produits indochinois et français et des produits yunnanais, d'un très grand intérêt au double point de vue placement de nos articles et documentation à recueillir sur les possibilités économiques de la province.

b) Champs d'expérience.

Des champs d'expérience destinés, soit à favoriser l'introduction sur ce marché de nos engrais, soit à aider à l'amélioration des cultures existantes dans la contrée ou à l'introduction de nouvelles susceptibles de servir à l'approvisionnement de la colonie ou de la métropole.

(c) Laboratoire d'analyses.

D'une branche du laboratoire d'analyses mineralogiques de Hanoi, simple bureau de renseignements et de transmission des échantillons de minerais à analyser, déposés par les propriétaires de mines désireux d'être renseignés sur leur teneur et sur les possibilités d'exploitation de leurs gisements. Conseils et aides, judicieusement donnés, dans cet ordre d'idée, feront plus, pour notre influence dans la province, que n'importe qu'elle autre œuvre française.

(d) Création d'une jumenterie.

Reconstitution de la jumenterie, qui existait autrefois, destinée à l'amélioration de la race chevaline, en vue de nos propres besoins et de ceux de la province, à l'aide d'une sélection, soigneusement faite et de croisements des races locales avec les races tonkinoises ou importées, le climat du Yunnan étant éminemment favorable.

(e) Reboisement.

Etude d'un plan d'action pour amener progressivement les autorités provinciales à accepter tout un programme de reboisement, à réaliser en commun, de celles des vallées yunnanaises qui intéressent notre régime des eaux et notre voie ferrée.

(f) Grands travaux.

Etude des grands travaux d'intérêt économique pouvant être entrepris dans la province et susceptibles de servir nos intérêts et ceux du Yunnan ou pour la réalisation desquels il pourrait être fait appel à notre concours.

Utilisation du cinématographe comme moyen de propagande.

Il conviendrait en outre d'utiliser le cinématographe, dans les principaux centre du Yunnan, comme moyen de propagande, pour faire connaître celles de nos méthodes industrielles susceptibles d'y recevoir leur application et ceux de nos produits qui peuvent y trouver leur écoulement.

Rivalité anglaise.

La réalisation des différentes mesures préconisées ci-dessus est de nature à aider à la mise en pratique de cette politique de rapprochement que nous devons essayer de faire prévaloir dans les milieux yunnanais, qu'il nous faut nous efforcer de soustraire à l'influence anglaise, dont l'action s'exerce, à l'encontre de nos intérêts, par Tengyueh, la Birmanie étant favorisée à ce point de vue par ses tarifs douaniers qui ne comportent aucune restriction, ni droits pour les marchandises en transit, de provenance ou à destination du Yunnan et dont les tarifs de transport en temps normal sont, dit-on, beaucoup plus avantageux que les nôtres ; double avantage qu'ont, sur les nôtres, les produits anglais importés dans la province, par cette voie.

Droits de transit.

Il serait utile en conséquence d'envisager la suppression, au Tonkin, des droits de transit pour tous les produits à destination ou de provenance du Yunnan, dont la perception donne lieu à de multiples ennuis dont se plaignent amèrement les commerçants chinois, plus que de la quotité des droits perçus.

Cette suppression est susceptible d'aider considérablement au développement de nos relations commerciales avec la province, sans qu'il en coûte beaucoup au budget qui pourrait au contraire être favorisé de ce fait, l'intensification du trafic sur la voie ferrée augmentant d'autant la part de recettes qui revient à la colonie.

Ne placer, à la frontière au Yunnan, que des agents capables de discerner et de traiter différemment, à leur entrée au Tonkin, le simple coolie et le notable commerçant.

Haiphong marché des produits du Yunnan.

Pour compléter cette mesure et lui donner toute sa valeur, il conviendrait d'étudier les voies et moyens pour faire de Haiphong le marché des produits yunnanais, de l'étain en particulier qui entre pour

80 ou 90 % dans le montant des exportations de la province, en favorisant l'installation dans notre port, ainsi que je l'ai dit déjà, d'une usine d'affinage de l'étain. Cette mesure aurait pour premier avantage sérieux de rendre plus aisé notre change sur cette province et par suite d'y faciliter grandement la vente de nos produits, handicapés qu'ils sont actuellement par ceux de Hongkong, favorisés généralement par des conditions de change meilleures, malgré les frais de transport complémentaires et de droits de transit dont ils sont grêvés.

Il faut en un mot que nous évitions, dans la mesure du possible, une trop grande emprise économique étrangère au Yunnan qui nous exposerait, toute proportion gardée, aux mêmes difficultés que celles que nous avons rencontrées au Maroc, ceci dit pour l'Angleterre aussi bien que pour le Japon, voire même pour l'Amérique.

NOS RELATIONS AVEC LE JAPON

Il est de toute nécessité que nous nous tenions en contact permanent avec le Japon, un de nos principaux concurrents sur les marchés d'Extrême-Orient ; que nous surveillions attentivement son développement économique, au double point de vue compétition et approvisionnements en matières premières et que nous entretenions par conséquent sur place et à titre permanent un agent de notre influence économique, bien choisi et en possession de tous les moyens d'action nécessaires.

NOS RELATIONS AVEC LE SIAM

La question de l'abandon de nos droits de juridiction consulaire au Siam va également se poser dans un temps sans doute très rapproché et sur lesquels nous aurons à nous prononcer dans un sens affirmatif, mais que nous ne devrons céder que contre compensations.

A noter que l'Angleterre a déjà fait remise de ces droits depuis 1909, en échange de nombreux avantages, dont le plus important est la concession de la construction du chemin de fer de Singapour à Bangkok. Les Anglais résidant au Siam ont en outre le droit de posséder, droit qui est refusé à nos nationaux, lesquels se trouvent, de ce fait, dans un état d'infériorité marqué par rapport à eux.

En compensation de l'abandon de ce droit, nous pourrions demander des avantages au point de vue navigation, au point de vue douanier, chemins de fer et mines, voire même au point de vue rectification de frontières vers le Laos, le cas échéant.

* * *

Pour compléter les indications contenues dans cette note, sous la paragraphe « *Commerce* » il conviendrait de prévoir :

1° La création d'un registre du commerce prévu par la loi du 18 mars 1919 ;

2° La création d'un service des valeurs à recouvrer entre l'Indochine et les bureaux français en Chine ;

3° L'obligation pour les Chinois, commerçants ou industriels, de se soumettre aux lois et règlements sur la comptabilité commerciale et la tenue des livres, ce qui constituerait un débouché ouvert à nos lauréats indigènes, sortant de l'école de commerce.

4° Etude des vois et moyens destinés à encourager les commerçants et industriels de la métropole à prendre, dans la plus large mesure possible, l'Indochine comme base de leurs transactions en Chine, soit en constituant sur place des stocks de marchandises, de fabrication française, destinés à l'alimentation du marché chinois, soit en industrialisant, pour les mêmes fins, celles des matières premières qui se trouvent en abondance dans notre colonie.

En ce qui concerne les Chinois établis en Indochine, éviter que des mesures prises à leur égard ou des manifestations intempestives, du genre de celles qui se sont produites à Saigon dernièrement, ne nous fassent perdre le bénéfice de l'action que nous nous efforçons d'exercer en Chine, en vue du développement de notre influence économique, dans les provinces du Sud notamment et au Yunnan, ou la population commerçante est cantonnaise, importante et très remuante.

IDÉES GÉNÉRALES COURAMMENT ÉMISES

Conditions des réformes.

En résumé de la série de notes ci-jointes, j'estime qu'il faut rechercher la solution des questions qui sollicitent notre attention en Indochine, dans les faits et non dans les mots, car une réforme n'en est pas une qui ne se traduit que par une loi, un décret ou un arrêté de plus à ajouter à tant d'autres inopérants, déjà si nombreux, qui encombrent notre réglementation coloniale. Est à rejeter également toute réforme, si bien étudiée soit-elle, dont la mise en application n'apporte aucun progrès réel.

Règlementation et contrôle.

Eviter, dans un pays neuf comme l'Indochine, où tout est à créer, la multiplication de la règlementation qui risque, avec les meilleures intentions du monde, de fausser le mécanisme si délicat des rapports entre les indigènes et nos compatriotes ; en réalité, on ne violente jamais impunément les principes fondamentaux sur lesquels reposent les conditions de la vie économique et sociale d'un pays ou d'un peuple ; le temps et les besoins y apportent les modifications nécessaires ou les signalent à notre attention : il serait alors imprudent de ne pas en tenir compte à ce moment-là.

Unité de direction, continuité de vue, coordination des efforts, tels doivent être les principes généraux de notre politique en Indochine. L'Administration qui s'inspirera de ces données possèdra au plus haut point le sens précis des réalité commerciales, l'opportunité de la réalisation pratique, en même temps que l'intelligeance des occasions et des relations de cause à effet ; elle pourra alors faire participer utilement la colonie à l'œuvre de rénovation économique de la France, surtout si à celà elle ajoute un constant souci de prévoyance, un inlassable effort vers le but et une maîtrise absolue des contingences.

Compétence et spécialisation.

La compétence et la spécialisation doivent être la règle absolue dans tous les services, si on veut aboutir réellement à la création de conditions pratiques favorables à l'essor économique de la colonie, comme adjuvant, une répartition plus judicieuse du travail dans les bureaux s'impose, en même temps que la suppression de toutes les formalités administratives et de controle, dont l'utilité n'est pas démontrée, lesquelles ont eu le plus souvent raison des initiatives les plus heureuses, des volontés les mieux trempées, qu'elles ont généralement réussi à annihiler.

Ventilation des dépenses.

Une soigneuse ventilation des dépenses est nécessaire à l'équilibre de nos budgets ; par suite diminution ou suppression, suivant le cas, de celles improductives ou qui ne sont pas de première nécessité ; augmentation par contre de celles, d'ordre économique, qui doivent servir à la création de l'outillage, au développement de la production et des échanges intérieurs et extérieurs.

Dépenses d'ordre économique.

Il faut tenir compte, en effet, dans l'établissement de notre budget annuel, que la plupart de ces dépenses d'ordre économique, prévues, soit pour la réalisation de grands travaux d'intérêt général, soit pour l'amélioration de nos relations commerciales extérieures, soit encore pour aider à la création de certaines grandes entreprises locales, sont de nature à distribuer la vie et à donner la richesse ; elles sont productives au premier chef, à condition toutefois qu'elles soient judicieusement réparties et pratiquement utilisées.

Il est indiscutable que c'est consolider l'armature de notre situation financière, essentiellement instable, du fait de la disparition prochaine ou de la réduction de certaines de nos recettes — celles de l'opium notamment — que d'adopter une politique économique, sage et réfléchie, qui nous procurera les ressources nécessaires au fonctionnement rationnel de tous nos services et à la mise en valeur de nos ressources ; la seule enfin qui pourra nous permettre de résoudre à la fois les problèmes financiers et politiques qui vont se poser et qui doivent être l'objet de nos constantes préoccupations. « *Faites-moi de bonnes finances, disait le baron Louis, je vous ferai de la bonne politique* » : or pour faire de bonnes finances, il faut créer et répandre la richesse, qui ne s'acquière que par la multiplication des échanges, qu'il nous faut encourager ; ils sont fonction intime du développement donné à notre outillage économique. Autrement dit l'impôt ne rentre qu'autant que le pays produit ; il est indispensable par conséquent que notre système fiscal soit adapté à un programme économique soigneusement étudié et méthodiquement réalisé.

Autonomie administrative de l'Indochine.

Dans un autre ordre d'idée et pour aboutir rapidement à la réalisation de notre objetif, il conviendrait de demander la suppression de la tutelle étroite imposée par la métropole à l'Indochine, aussi bien d'ailleurs qu'à la plupart de nos autres colonies, tutelle qui, dans bien des cas, entrave son essor économique et, par suite, la mise en valeur de ses richesses naturelles, par une complexion et une inextricabilité des lois et décrets qui constituent sa chartre. Dans la décentralisation, qui s'impose dès maintenant, en même temps d'ailleurs qu'une autonomie financière et douanière complète, il faut accorder à notre colonie des libertés nouvelles, plus conformes à la position qu'elle occupe en Extrême-Orient et à ses propres intérêts, qui sont intimement liés à ceux de la métropole.

Rôle de l'Indochine en Extrême-Orient.

Bien plus, il faudrait que la France considère l'Indochine comme le centre de rayonnement de notre influence économique en Extrême-Orient, comme une sentinelle avancée de ses intérêts dans cette partie du monde et qu'elle ait par suite une part dans la direction de sa diplomatie ; qu'en conséquence nos consuls et nos diplomates s'inspirent de ses vues et ne correspondent avec Paris qu'après avoir pris le contact avec elle, afin d'éviter les divergences de vues, si nombreuses dans le passé, particulièrement en ce qui concerne nos relations avec les provinces chinoises limitrophes de notre territoire.

Création d'une direction des affaires extérieures.

C'est demander beaucoup peut-être et cependant c'est indispensable à la réussite de notre objectif. Si toutefois cette éventualité se réalisait, il serait indispensable de créer à Hanoi, auprès du Gouvernement général, une direction des affaires extérieures, le service actuellement en fonction étant devenu absolument insuffisant pour suivre attentivement toutes les questions d'ordre intérieur et extérieur, de plus en plus nombreuses et de plus en plus diverses, qui sollicitent son attention. Au surplus, étant donnée la connexion étroite qui existe entre ces questions extérieures d'ordre politique et celles d'ordre économique, il conviendrait que les deux services, appelés à en connaître, restent en étroite communion d'idées.

Conseil supérieur des colonies. (1)

Pour l'étude d'ensemble des grands problèmes coloniaux et la mise au point des grandes directives particulières à chaque colonie, il y aurait lieu de réunir, au moins une fois par an, le conseil supérieur des colonies, réorganisé sur des bases nouvelles et étendues, en donnant, dans sa composition, une très large place aux éléments de production et d'échanges, agriculteurs, commerçants, industriels. Réunion de sa commission permanente au moins une fois par mois. Ce sont là peut-être, des choses connues et que personne ne discute plus; il est indispensable cependant de les répéter souvent, pour que du domaine de la théorie pure elles passent dans celui de la pratique.

Comité consultatif d'études économiques.

Compléter cette organisation d'ordre général par la création, dans la colonie, d'un comité consultatif permanent d'études économiques, d'un caractère semi-officiel, pour l'étude technique de toutes les questions de cet ordre et par l'ouverture, chaque année, avant la session du conseil de gouvernement, d'une réunion plénière des chambres de commerce indochinoises, appelées à donner un avis préalable sur les questions dépendant de leurs attributions, soumis au dit conseil ; l'administration trouverait au sein de ce comité des éléments d'appréciation de tout premier ordre qui lui seraient d'une très grande utilité dans la mise au point des questions.

---

(1). Cette étude était faite quand un Décret a été pris réorganisant cette institution, d'après les principes posés ci-dessus.

Délégations financières.

Etude enfin pour l'Indochine d'un système se rapprochant des délégations financières algériennes, en tenant compte des contingences locales.

Direction des affaires économiques.

Pour compléter cette organisation d'ensemble des rouages indispensables à la bonne marche de nos services, il conviendrait d'organiser une fois pour toutes et sur des bases pratiques, solides et élargies, la direction des affaires économiques et tous les services qui doivent en dépendre. Elle doit être largement outillée, être pourvue de ressources suffisantes et d'un personnel compétent et spécialisé, offrant des garanties de savoir pratique et ayant une éducation et une instruction techniques adéquates au rôle à remplir.

En fait, ce service doit être un des plus importants de la colonie, puisqu'il doit préparer la mise en marche de tous les nuages qui doivent créer la richesse, par la multiplication des transactions intérieures et extérieures, par la recherche des fournisseurs moins chers et des marchés les plus riches, les plus peuplés, les plus aisés à atteindre et susceptibles par conséquent d'offrir le plus de débouchés à nos produits.

Congrès économique indigène.

Au point de vue indigène, favoriser, dans la mesure du possible, la réunion chaque année d'un congrès économique purement indigène, constitué dans des conditions déterminées, qui sera appelé à donner son avis sur toutes les questions de cet ordre, intéressant l'indigène, qui lui seraient soumises par l'administration, ou dont il prendrait l'initiative, notamment celles qui concernent les améliorations ou les modifications à apporter aux relations d'affaires des indigènes entre eux ou avec les étrangers asiatiques.

L'attaché commercial de l'Indochine.
pour les pays d'Extrême-Orient,

Ch. Chenet.

www.ingramcontent.com/pod-product-compliance
Ingram Content Group UK Ltd.
Pitfield, Milton Keynes, MK11 3LW, UK
UKHW021950260726
13994UKWH00004B/1658

9 782329 170435